MW01113760

Ekin
Colección Aberri Bilduma, 10

Xabier Irujo

778
La batalla de
Errozabal
De la Crónica al Cantar

Ekin
Buenos Aires
2019

Colección Aberri Bilduma, 10

Editorial Vasca Ekin Argitaletxea
    Lizarrenea
    C./ México 1880
    Buenos Aires, CP. 1200
    Argentina
    Web: http://editorialvascaekin-
    ekinargitaletxea.blogspot.com/

Primera edición. Segunda impresión.
Impreso en América.

Diseño de cubierta © 2019 JSM
ISBN-13 primera edición: 978-0-9967810-5-3

ÍNDICE

A la usurpación, al asesinato y al despojo
le dan el nombre de imperio,
y a desolación resultante
la llaman paz
Tácito

Vasconia en el siglo VIII

La historia de Vasconia entre 711 y 778 es la de un pueblo en constante estado de guerra.

Cuando los musulmanes invadieron la península ibérica en 711, Eudón el Grande era rey de los vascones. Había sido coronado un año antes, en 710, a la muerte del anterior rey, Lupus Otsoa I.

Eudón heredó de Otsoa un vasto territorio que incluía Vasconia y Aquitania. Tal como refieren las fuentes francas, Vasconia se extendía entre los ríos Ebro y Garona (*Wascones, qui trans Garonnam et circa Pirineum montem habitant*), siendo Pamplona, Tolosa y Burdeos algunas de sus plazas más significativas. Aquitania por su parte ocupaba un territorio comprendido entre los ríos Garona y Loira.

Esto es, el reino de Eudon se extendía entre el Ebro y el Loira.

En el curso de la Guerra de los Ocho Años (760-768), Pepino el Breve, rey de los francos, arrebató Aquitania a los vascones (*Pippinus rex cumflictum habuit cum Wascones*) y su hijo Carlos, rey de los francos y futuro emperador, que reinó entre los años 768 y 814, emprendería nuevas campañas de castigo contra los vascones.

Tal como consignan los cronistas musulmanes Ibn Hayyan e Ibn Hazm, a finales del siglo VIII el líder de los vascones pamploneses era Eneko, que murió en el año 820. Fue padre de Eneko denominado Enneco Ennecones por las fuentes latinas y Wannaqo ibn Wannaqo por las crónicas árabes y apodado Aritza (el roble o el fuerte), el primer rey de Pamplona, coronado en 824, que reinó hasta el año 852.

Fuera de las fronteras de Vasconia, gobernaba en Asturias Silo (774-783). En Roma era papa Adriano I (desde 772 hasta su muerte en 795), 'Abd al-Rahman I era el emir de Córdoba, Carlos era rey de los francos, Lombardos y otros pueblos sometidos (768-814) y Muhammad ibn Mansur al-Mahdi (775-785) era el califa de Bagdad.

La dieta de Paderborn

Prácticamente todos los años tenía lugar una asamblea general de los caudillos francos, denominada dieta, (*campus martius*, *conventus francorum* o *placitum generalis*) al principio de la primavera, entre los meses de marzo y mayo. En ella se debatían cuestiones legales y administrativas y se organizaban las campañas militares anuales.

La dieta del año 777 se celebró en Paderborn, en la recién sometida Sajonia. Metódicamente organizada, se erigió un palacio de madera donde tendría lugar el evento y se llevó a cabo el bautizo colectivo de los caudillos paganos en presencia de dignidades eclesiásticas y la bendición del nuncio papal. Y los escribanos francos hicieron un paralelismo entre el rey Carlos y Juan Bautista.

Al mismo tiempo, la proclamación en 756 de Abd al-Rahman I como emir de Córdoba había producido la ruptura con el Califato de Bagdad, lo que provocó la insurrección de las ciudades musulmanas del valle del Ebro, que aprovecharon la coyuntura para declararse valíes o reyes independientes. En consecuencia, Carlos invitó a Paderborn a los emisarios de las ciudades musulmanas del valle del Ebro que estaban dispuestos a negociar una alianza a fin de verse libres del dominio del emir de Córdoba Abd al-Rahman I, "el halcón de al-Andalus".

Carlos quería crear la marca hispánica al sur del Pirineo, una unidad administrativa fuertemente militarizada sometida al reino franco y, en consecuencia, rígidamente jerárquica, al frente de la cual se hallaría un conde con amplios poderes y un fuerte contingente militar. Esta marca serviría para defender la frontera sur de su reino contra los vascones y el Islam.

La creación de dicha marca al sur de los Pirineos requería convenir una alianza con valíes musulmanes -sin obligarles a renunciar a su fe- y asimismo conquistar y someter a los vascones, por lo que la campaña militar de 778 tenía como objetivo la ocupación de Pamplona, principal ciudad de la Vasconia peninsular.

La ruta y el ejército

El reino franco organizó un gran ejército compuesto por dos legiones, unos 20.000 hombres (*his innumerabilibus legionibus tota Hispania contremuit*). El rey en persona dirigió la legión principal hacia Pamplona al mando de las tropas de Neustria, que penetró en la Península por el oeste, siguiendo el trayecto del futuro camino de Santiago, a través del puerto de Zize. Una segunda legión compuesta por tropas de Austrasia, Burgundia, Bavaria,

Lombardía, Provenza y Septimania atravesó el Pirineo por oriente, por el paso de Pertus, y siendo recibida en Girona y Barcelona, se encontró con las tropas comandadas por el rey en Zaragoza después de atravesar 2.000 kms.

Carlos recibió la bendición del papa Adriano I en mayo del 778, cuando la expedición ya se hallaba en marcha y llevó consigo a su mujer embarazada que daría a luz a su hijo Ludovico Pío en suelo aquitano, para posteriormente coronarlo príncipe de Aquitania. La familia celebró la pascua el 14 de abril de 778 en la localidad de Casiloginum.

El ejército Carolingio llegó a Pamplona antes de la recogida del cereal de los campos de alrededor de la ciudad a fin de someter a la población por hambre y, de alimentar a la tropa y aligerar el transporte de trigo u otras provisiones urgentes. Saliendo de Douzy a principios de marzo, el ejército franco llegaría a Pamplona a mediados de junio del año 778. Y tal como relató el poeta Sajón, "tras superar las primeras cimas de los Pirineos, llegó a Pamplona, que es una noble fortaleza de los navarros, y la tomó por las armas".

La destrucción de Pamplona

Habiendo tomado Pamplona, el ejército franco se dirigió hacia Zaragoza y, cuando ambas legiones se encontraron ante las puertas de la ciudad, Hussain ibn Yahya al-Ansari, gobernador de la plaza, decidió no abrir sus puertas tal como había sido estipulado en Paderborn. De hecho, la situación geopolítica del valí de Zaragoza había mejorado notablemente en los meses que separan la celebración de la dieta de Padernborn en primavera de 777 y el invierno de dicho año. Al-Ansari había defendido la ciudad frente a las tropas enviadas por el emir de Córdoba en otoño de 777 e incluso había hecho prisionero al comandante del ejército sitiador, Ta'iaba ibn 'Obeyd. Simplemente no necesitaba rendir vasallaje al rey franco.

La creación de la marca hispánica requería un control estable y sólido de las principales plazas del valle del Ebro y la actitud de los gobernadores musulmanes no permitía confiar en un vínculo consistente. Por otro lado, Carlos no podía establecer un cerco a Zaragoza ya que no había ido preparado para ello.

De este modo, habiendo fracasado el plan de crear la marca hispánica, el rey decidió retroceder a través de Pamplona, y ordenó destruir las murallas de la ciudad de los vascones, "a fin de que no se declarasen en rebeldía" (*fieret ne forte rebellis*).

Hacia el puerto de Zize

El día 11 de agosto, domingo, saldría Carlos de Pamplona y, tras cuatro días de dura marcha, habría acampado el miércoles 14 de agosto en el llano de Errozabal.

Al día siguiente, el jueves 15 de agosto de 778, el ejército franco levantó el campamento y se dirigió desde Errozabal, a través de Ibañeta, hacia Donibane Garazi. El Poeta Saxo especifica que los vascones trabaron combate "una vez más" en Errozabal, esto es, francos y vascones ya habían combatido a lo largo del camino entre Pamplona y el puerto de Zize.

Todas las fuentes históricas de que disponemos hacen única y exclusivamente referencia a una batalla entre francos y vascones. La mención de musulmanes en la batalla es puramente literaria y cronológicamente muy posterior a los hechos, por lo que no tiene sustento historiográfico alguno y las fuentes árabes ni tan siquiera registraron el encuentro, porque ni les concernía ni participaron en él.

La emboscada en el puerto de Zize

En su conjunto, un ejército compuesto por dos *legiones impeditas* o cerca de 20.000 hombres, y unos 800 carros arrastrados por 1.600 bestias de carga, ocuparía a lo largo de un camino tan estrecho como el del puerto de Zize, que no alcanzaba los cuatro metros de ancho, entre 11 y 14 kilómetros de longitud, de modo que cuando la cabeza de vanguardia estaba llegando a Gainekoleta, la retaguardia aún estaría en las inmediaciones de Errozabal, y separados por un puerto de montaña, a varias horas de marcha los unos de los otros. Y precisamente 14 kilómetros (aprox. 9 millas) es la distancia entre los aledaños del llano de Errozabal y las inmediaciones de Luzaide, lo cual concuerda con los datos que aportan las fuentes.

Los vascones, ocultos en los hayedos de las laderas de los montes que flanquean el camino, dejaron pasar a la vanguardia del ejército a través del collado de Ibañeta, atacando inmediatamente después sobre el cuerpo central, cuando la retaguardia ascendía hacia el collado de Ibañeta a través del barranco de Otezilo, el cuerpo central descendía a través del puerto de Zize y la vanguardia se acercaba a Gainekoleta.

Tal como explica el Poeta Saxo, el primer ataque se produjo desde la altura de las colinas que flanqueaban la vereda y "lanzaron primero sus proyectiles desde la altura de las colinas".

Pavor subitoque tumultu

Este ataque sorprendió a los francos. El Poeta Saxo narra que "desconcertados por el súbito tumulto, cundió el pánico en el ejército". Los Annales qui dicuntur Einhardi señalan asimismo que los vascones "sembraron un gran desorden en todo el ejército" (*totum exercitum magno tumultu perturbant*).

Las fuentes principales no mencionan un ataque sobre la retaguardia, sino que precisan que el ataque se centró sobre la parte trasera de la caravana de provisiones y la guardia que cubría su marcha, afectando en consecuencia al conjunto del ejército carolingio. Las fuentes registran asimismo que "la desigualdad del terreno" (*iniquitate locorum*) pero, asimismo, "la diferencia en el modo de combatir" (*genere inparis pugnae*) causaron la inferioridad de los francos en esta batalla campal y decisiva (*in hoc certamine*).

Einhard describe en la Vita Karoli Magni que los vascones consiguieron sorprender a las tropas carolingias atacando desde arriba (*desuper incursantes*), lanzándose literalmente sobre la columna del ejército y, por tanto, entablando un combate cuerpo a cuerpo en el cual gozaban de la ventaja que les otorgaba su vestimenta y armamento ligero (*levitas armorum*).

Derrota y defección

Las fuentes registran que los francos fueron arrojados hacia el fondo del valle aniquilándolos hasta el último hombre. Y consignan que, "entre muchos otros", murieron Agiardo o Einhard (Aggiardus o Eggihardus), mayordomo de palacio, Anselmus, palatino de la corte y Hruodland o Roland, prefecto o marqués de la marca de Bretaña (*Hruodlandus Brittannici limitis praefectus*).

El Astronomus Limusinus indicó asimismo que los vascones, "victoriosos, causaron muchos muertos", cuyos nombres omitió nombrar porque, según él, eran de sobra conocidos por todos (*vulgata sunt*).

Carlomagno huyó precipitadamente del campo de batalla, dejando a sus hombres y a los muertos detrás. A una media de 27 kilómetros por día, alcanzó el palacio de Herstal en octubre de dicho año. Teniendo en cuenta que la media de avance del ejército carolingio entre el 14 de abril y el 15 de agosto había sido de escasos 8 kilómetros al día, esta precipitada marcha tan sólo se pudo realizar escapando con un pequeño destacamento y a galope. Máxime si tenemos en cuenta que el rey realizó al menos dos paradas en dicho trayecto. Carlos nunca volvió a pisar Vasconia y esta derrota no fue registrada en vida del rey.

Consecuencias inmediatas de la batalla

La ausencia física del ejército carolingio, unida a la noticia de la derrota militar, provocó la insurrección de Widukind en Sajonia, de la cual Carlos sólo tendría noticia en su retirada hacia Herstal, cuando se encontraba en Auxerre.

La sublevación de Widukind resultó ser especialmente cruenta y se saldó con la destrucción de Karlsburg a "ferro et igne" tal como registran los Enhardi Fuldensis Annales. Y brutal fue asimismo la represión carolingia, con episodios de masacres y deportaciones masivas de población. Después del desastre del río Elba en el curso de la batalla de Suntelberg, 4.500 prisioneros de guerra sajones capturados tras la batalla de Verden fueron degollados (*ad occidendum IIII D*) por orden del rey Carlos en 782. Decenas de miles serían deportados. Dichas prácticas se repitieron a lo largo de varias campañas militares de castigo hasta la sumisión y bautizo del caudillo sajón en 785.

Aparte de las consecuencias estratégicas o militares, la derrota de Errozabal generó asimismo serios problemas económicos al reino carolingio. Las arcas reales no pudieron contar con el botín de guerra por lo que el rey, de regreso a Herstal, pasó por París para detenerse en Saint-Denis, donde se hallaba el abad Fulrad, a fin de solicitar fondos y consejo. El Chronicon Moissancense apunta que el año 779 fue un año de escasez que provocó gran mortandad entre la población franca (*in*

Francia vero fames magna et mortalitas facta est), lo cual posiblemente alimentó la crisis financiera y la creencia del emperador de que la derrota de Errozabal había sido un castigo divino.

La derrota provocó asimismo una restructuración administrativa del reino. Carlos adoptó numerosas medidas legislativas aprobadas en el palacio de Herstal a lo largo del mes de marzo de 779 mediante *capitula* o normas legales en virtud de las cuales se reformó la administración secular y eclesiástica y los tribunales del reino. A partir de esta fecha, estos códigos legales o *capitularia* se convirtieron en la principal forma de legislación del reino carolingio, tendentes en lo fundamental a asimilar cultural y socialmente a las poblaciones sometidas militarmente, especialmente los tres primeros códigos de 779, 789 y 794.

No obstante, la política promovida por Carlos en Aquitania resultó ser más diplomática, y sutil. Posiblemente el mismo 778, pero con toda seguridad tres años más tarde, en 781, tras la reunión de Lippspringe y evitando dictar *capitularia* específicos o aplicar medidas punitivas al principado aquitano a fin de evitar una nueva revuelta de los vascones, Carlos nombró condes, duques y abades de confianza en Aquitania.

Finalmente, Carlos otorgó a su hijo Ludovico Pío, que convenientemente había nacido en suelo aquitano, el título de príncipe de Aquitania. Y el lunes de Pascua del año 781, Ludovico recibió la corona del principado de manos del papa.

La victoria de los vascones en Errozabal alertó a los musulmanes por lo que en 781 el emir de Córdoba Abd al-Rahman I emprendió una campaña de castigo contra los caudillos vascones que habían participado en los acontecimientos del 778.

Las fuerzas musulmanas se abrieron paso desde el sur hacia la plaza de Viguera (Fekira), penetrando a través de la vía que unía Logroño con el núcleo vascón de Lizarra (Estella) en las tierras de Ximen el Fuerte (Xertanis o Deiherri), el país de Ibn Belascot y, finalmente, en Pamplona, sujeta a la autoridad de Enneco, padre de Eneko Aritza, primer rey de Pamplona.

Fracaso de la marca hispánica y nacimiento de un reino: La segunda y tercera batallas de Errozabal

Los Annales Regni Francorum registran que, en el año 806, "navarros y Pamploneses, que en años anteriores se habían apartado de los sarracenos, fueron recibidos en juramento". El registro se repite en otras fuentes francas como los Einhardi Annales, los Annales Tiliani y el Reginionis Chronicon. Pero, tal como evidencian los hechos posteriores no existió vasallaje alguno, por lo que dicho juramento (*in fides recepti*) no puede ser interpretado en términos de sumisión o capitulación sino más bien de alianza, máxime si tenemos en cuenta que no hubo choque armado alguno entre francos y vascones.

Por otro lado, tan sólo seis años más tarde, tras la muerte del *princeps* vascón Sancho Lupus en 812, los vascones coronaron a su hermano mayor Semen Lupus, el cual, enfrentado al príncipe Ludovico, gobernaría en Vasconia entre los años 812 y 816.

Enterado del nombramiento de Semen Lupus, Ludovico organizó una campaña de castigo contra Vasconia, penetrando por el este sobre Akitze (Aquis o Dax). Tal como narra el Astronomus Limusinus, "llegó a la ciudad de Akitze (Aquis) y ordenó que se presentaran ante él los que habían incitado a la infidelidad. Pero, al resistirse a obedecer, avanzó y permitió saquear *manu militari* todas las propiedades de éstos. Al fin, destruido cuanto parecía pertenecerles, llegaron a él suplicando y, habiéndolo perdido todo, obtuvieron el extraordinario favor de ser perdonados".

Saqueada Akitze, el ejército encabezado por Ludovico se internó, como hiciera su padre treinta y cuatro años antes, a través de Errozabal hacia Pamplona.

Si bien las fuentes no lo mencionan, es muy posible que el rey impusiera una guarnición en la ciudad bajo la sujeción de algún conde franco o un caudillo vascón afecto al orden franco.

Habiendo ordenado "cuanto convenía tanto al interés público como al privado", Ludovico decidió retornar a Tolosa por desfiladero de Zize. Y, tal como narra el Astronomus, "cuando se vio obligado a volver por los mismos estrechos pasos de montaña por los que había venido, intentaron los vascones poner en práctica su consustancial y acostumbrado hábito de engañar, pero fueron contenidos con astucia, asegurados con prudencia y evitados con cautela, pues cuando uno de ellos se lanzó a provocar fue capturado y ahorcado, y a casi todos los demás se les capturaron sus mujeres e hijos, y siendo conducidos por nosotros con artimañas ningún daño pudieron ocasionar al rey ni al ejército".

Los escudos humanos utilizados por Ludovico evitaron que se produjera una batalla campal, pero tras su marcha, Pamplona volvió a quedar bajo dominio vascón por lo que, doce años después Ludovico emprendió una segunda campaña de sometimiento de Vasconia.

La expedición, ordenada por el emperador partiría en la primavera del año 824 hacia Pamplona, esta vez encabezada por los condes Aeblus y Aznar (Asinarius).

Tras llegar a Pamplona y, posiblemente, después de tomarla y saquearla, el ejército volvió sobre sus pasos a través del puerto de Zize. La derrota, de similares dimensiones a la que tuvo lugar cuarenta y seis años antes, resultó ser catastrófica y los francos fueron masacrados hasta el último hombre en el curso de esta tercera batalla de Errozabal (*capti sunt, et copiae cuas secum habere paene usque ad internicionem delatae*).

Los cabecillas Aeblus y Aznar fueron capturados por los vascones. El primero fue entregado al nuevo emir de Córdoba como obsequio, tal vez intentando de este modo apaciguar a Abd al-Rahman y concertar una tregua. Por su parte, el conde Aznar, *citerioris Wasconiae comes*, ligado por lazos sanguíneos al líder de los vascones, fue perdonado.

Y tras las infructuosas campañas militares de 812 y 824 se creó el Reino de Pamplona y Eneko Aritza fue proclamado rey.

Errozabal y la tradición literaria medieval

Ninguna crónica escrita en vida de Carlomagno mencionó jamás la derrota. Una derrota militar podía hacer tambalear el reino y, de hecho, la campaña sobre Vasconia provocó la sublevación de Widukind en Sajonia quien, lógicamente, aprovechó la lejanía del grueso de las tropas carolingias para emprender una campaña de castigo en el norte.

Los *Annales Regni Francorum* en su primera versión ni tan siquiera hicieron mención de la batalla, limitándose a narrar que, "habiendo recibido muchos regalos de Ibn al-Arabi, de Abu Taur y de otros muchos sarracenos, y habiendo destruido Pamplona, regresó a Francia después de haber subyugado a los hispanos [musulmanes], a los vascones [vascones continentales] y a los navarros [vascones peninsulares]".

Pero, a la muerte del emperador, la versión revisada de los *Annales Regni Francorum*, añadió mucha y muy relevante información, afirmando que en efecto Carlos decidió dar media vuelta y retirarse a través de Errozabal (*regredi statuens Pyrinei saltum*) donde sus fuerzas sufrieron una emboscada que afectó al conjunto del ejército (*totum exercitum magno tumulto perturbant*).

La nueva versión ofrecía, además, gran cantidad de datos y explicaciones sobre las razones de la derrota y la imposibilidad de vengar la muerte de tantos guerreros muertos en el campo de batalla.

Al escribir la *Vita Karoli Magni* (*Vida de Carlomagno*) a principios del siglo IX, Eginhard efectuó dos cambios sobre la versión de la batalla de los *Annales Regni Francorum*. De un lado, optó por afirmar que la batalla no había afectado a "todo el ejército" (*totum exercitum*) y escribió un relato más políticamente correcto, afirmando que el ataque afectó únicamente a "la parte trasera de la caravana de provisiones y las tropas de la retaguardia que cubrían a los que les precedían" (*extremam impedimentorum partem et eos qui novissimi agminis incedentes subsidio praecedentes tuebantur*). Este hecho ha dado lugar a la idea de que los vascones se limitaron a atacar la retaguardia del ejército franco. Finalmente, Eginhard dio por vez primera los nombres de tres de los paladines muertos en el combate: "Murieron en esa lucha el mayordomo de palacio Egiardo (Eggihardus), el conde platino Anselmo (Anshelmus) y Roland (Hruodlandus), prefecto de la marca de Bretaña, así como otros muchos".

La versión de los hechos descrita por el Astrónomo en la *Vita Hludovici Pii* hacia el año 840 ofrece asimismo una detallada explicación de los hechos, lo que pone de manifiesto el hecho de que sesenta años después de la batalla ésta continuaba llamando la atención de los cronistas hasta el punto de que no pudieron o no quisieron dejar de mencionarla.

Todo ello indica que, en efecto, se trató de un encuentro de gran magnitud, un *certamen* o una batalla campal y decisiva. Y, consecuentemente, esto explica que este hecho histórico generara un cantar de gesta tres siglos más tarde.

De la crónica histórica al cantar de gesta

Eran precisamente las gestas históricas o con base histórica las que se convertían en literatura y posteriormente en leyenda sin duda en virtud del interés que las mismas suscitaban entre los espectadores. Y, en el caso de la batalla de Errozabal, el evento histórico proporciona cuatro ingredientes fundamentales para convertirse en uno de los primeros y más exitosos cantares de gesta del occidente europeo:

1. Heroísmo, martirio y la eterna lucha entre el bien y el mal. La trama de la *Chanson de Roland* es en esencia una historia de heroísmo donde la traición del pérfido Guenes juega un papel determinante en la muerte del héroe, Roland. Los pares carolingios encarnan los valores propios de los héroes literarios de los siglos XI al XIII (en estado de gestación aún en el siglo VIII) como eran y, en cierto modo

siguen siendo, el valor y el honor y sus sucedáneos, talento y fuerza en grado superlativo, glorificación de la violencia en aras de una causa justa y necesaria, arrogancia y autosuficiencia que se derivan de la seguridad de vivir subordinados a un fin superior a la vida misma, la de la vida más allá de la muerte mediante la acción y su memoria y, en líneas generales, una cierta deshumanización que subordina el personaje a la acción y, en consecuencia, el individuo al curso de la historia. Este hecho convierte a los hombres en gigantes y magnifica sus acciones y es por ello que el recurso literario más favorecido en los cantares de gesta del medievo europeo es la hipérbole, que se refuerza mediante la adjetivación, la repetición y aliteración y la parataxis.

2. El ingrediente religioso. Urbano II en el Concilio de Clermont de 1095 proclamó la denominada Primera

Cruzada (1096-1099) y, tras la toma de
Edesa en 1144, Bernardo de Claraval
anunció la necesidad de acometer una
Segunda Cruzada. El manuscrito más
antiguo de cuantas copias se
conservan de la *Chanson de Roland* fue
escrito entre 1140 y 1170, esto es, al
aire de la arengas de Bernardo de
Claraval y años antes de la captura de
Jerusalén por Saladino (1187). Sin
duda alguna este hecho obligó a dar
un giro de tuerca a la realidad histórica
hasta convertir la campaña militar del
reino franco sobre Vasconia en una
Cruzada contra el Islam y convertir a
Carlomagno, guiado por el arcángel
San Gabriel, en uno de los motores
espirituales del Camino de Santiago y,
por extensión, de la cristiandad
occidental.

3. Ingrediente histórico. La gesta se sitúa
    en un pasado legendario y remoto, lo
    suficientemente lejano y desconocido
    como para permitir al poeta forjar una

imagen de los personajes y de sus actos acorde con las dimensiones de un cantar de gesta. El sustrato histórico era uno de los ingredientes consustanciales a los cantos épicos que, mediante la narración de un pasado real, transportaban al público a un futuro virtualmente posible, al tiempo que aguijoneaban el sentimiento patriótico y religioso del pueblo.

4. Escenario exótico. El viaje de los héroes enfrentados a otras civilizaciones en tierras lejanas y desconocidas era asimismo un ingrediente esencial de la literatura épica. Vasconia y el temible paso de Zize proporcionaban en este caso un marco escénico excepcional.

Uno de los primeros indicios de que la gesta de Errozabal estaba siendo ampliamente divulgada en Europa es la que nos proporciona la *Vita Hludowicii Pii imperatoris* escrita en torno al año 840 por el Astronomus Limusinus cuando el autor afirma que omite hacer relación de los héroes muertos en la batalla porque eran de todos conocidos (*Quorum, quia vulgata sunt, nomina dicere supersede*).

Estudios sobre onomástica medieval han sacado a la luz la costumbre ya extendida en pleno siglo X de bautizar a los hermanos varones Roland y Olivier, lo que pone de manifiesto que ya en aquella época las gestas de ambos héroes habían trascendido con mucho los límites de la historia e, incluso, de la propia literatura.

William de Malmesbury anotó en *De Gestis Regum Anglorum* (*Crónica de los reyes de Inglaterra*) que en el transcurso de la batalla de Hastings el 14 de octubre de 1066, esto es, 288 años después de la batalla de Errozabal, el bardo Taillefer entonó estrofas de la *Chanson de Roland* a fin de enardecer a la soldadesca:

A continuación, entonaron el canto de Roland, para que el ejemplo del guerrero despertara en los combatientes el ardor por el combate.

Pidiendo ayuda a Dios, se unieron a la lucha.

Taillefer, que cantaba muy bien, montó en un caballo veloz ante el duque y cantó sobre Carlomagno y Roland y Oliver y los caballeros que murieron en Errozabal.

Es muy probable que las trovas entonadas por Taillefer, uno de los muchos juglares que compartieron la tradición, difirieran de la versión de la *Chanson* que ha llegado a nosotros de mano de Turoldus ya que un texto que se transmitió de forma oral durante tres siglos tuvo que sufrir variaciones. Asimismo, la lengua en la que fueron entonados dichos pasajes variaron en cierta medida o incluso completamente del de la versión de Turoldus.

Xabier Irujo

La *Chanson de Roland*

Nada es lo que no es. Y, por su propia naturaleza, las obras literarias no son fuentes históricas. No obstante, no resulta siempre fácil establecer una línea entre los cronicones históricos del siglo VIII y la tradición literaria recogida por los cantares de gesta. Si los primeros reúnen los datos históricos filtrando aquellas noticias que desdibujan la imagen general de la narración, los segundos añaden a los eventos históricos aquellos ingredientes que distorsionan la realidad para convertirla en leyenda. Pero tanto en unos como en los otros descubrimos ciertas dosis de realismo y de ficción.

La *Chanson de Roland* es un poema épico de varios cientos de versos, escrito a finales del siglo XI -unos tres siglos después de los hechos-, cuya autoría atribuye el manuscrito de Oxford a un monje normando llamado Turoldus.

40

Es uno de los cantares de gesta escritos en lengua romance más antiguos de Europa, lo cual da idea de la resonancia que tuvo el encuentro de 778, una de las pocas derrotas que sufrió Carlomagno.

Existen varias transcripciones de la *Chanson*, la más antigua de las cuales es el *Manuscrito Digby 23* de la *Bodleian Library* de Oxford, escrito en lengua anglo-normanda entre los años 1140 y 1170, pero es muy probable que el texto original sea más antiguo. Consta de 4.002 versos decasílabos, distribuidos en 291 estrofas de desigual longitud llamadas *tiradas* (*laisses*).

Este manuscrito tiene la singularidad de haber sido propiedad de un juglar que lo utilizó antes e incluso durante sus representaciones en público, lo cual dota al documento de un singular interés histórico.

En efecto, el *Manuscrito Digby 23* es uno de esos documentos que Léon Gautier bautizó con el nombre de *manuscrit de jongleur* que, en oposición a los *manuscits de collections*, eran instrumentos para la representación de los cantares de gesta. Los *manuscrits de jonglars* estaban dotados en ocasiones de secuencias de instrucciones para ayudar a memorizar el poema épico a fin de ser recitado en diversas plazas y mercados. Muy pocos de estos manuscritos han sobrevivido, dado que debido al uso la mayor parte de ellos pereció por el uso. Tal como refiere Gautier, *realmente tiemblo al pensar que el manuscrito de Oxford que contiene la famosa Chanson de Roland corrió tan grandes peligros en las mal asistidas carreteras de la Edad Media*. En cuanto a los segundos, los *manuscrits de collections*, constituyen lujosas copias por lo general en buen estado dado que muchas de ellas fueron confinadas en grandes bibliotecas, no siempre para ser leídas, sino más bien "para -no sin cierto orgullo- mostrar a los amigos". A principios del siglo XIV era muy frecuente que las buenas bibliotecas gustaran de contar con copias de los cantares de gesta y otras obras literarias medievales.

Si bien la apreciación de Gautier fue cuestionada en 1932 por Charles Samaran, autor del primer análisis codicológico del documento, ambos autores reconocieron que tanto la baja calidad del material utilizado para la realización del manuscrito, junto con su tamaño pequeño y manejable y las señales de que ha sido un texto utilizado con asiduidad, son características que apuntan a que en efecto este manuscrito fue utilizado por un juglar.

En este mismo sentido, la enigmática fórmula AOI que contiene el manuscrito de Oxford (y en ningún otro manuscrito medieval de la *Chanson*) refuerza la tesis de que en efecto se trataba de un Los *manuscrit de jonglar*. AOI, repetida en los márgenes de todo el poema en un total de 172 estrofas, y ausente en las 119 restantes, aparece en momentos clave, como indicando cambios en el estado de ánimo de los personajes o puntos de inflexión en el curso del propio relato. De hecho, en casi todos los casos aparece al final del último verso de una estrofa o *laisse*, pero en 21 ocasiones no ocurre así, y el número de versos entre dos AOI varía ligeramente, de modo que, si bien se ajusta a un patrón más o menos regular, no parece ser un patrón permanente o invariable. Todo ello indica que se trata de un patrón rítmico o melódico a fin de ayudar al juglar a entonar correctamente al inicio de cada *frase melódica* de la *Chanson*. Pero bien podría tratarse de una simple abreviatura de *amen*.

Por lo que respecta a los personajes del cantar, el protagonista es *Rollant li marchis*, señor de la Marca de Bretaña, que en la versión del *Manuscrito Digby 23* de la *Chanson* aparece convertido en sobrino de Carlomagno.

La falta de información biográfica unida a la creación literaria y a la imaginación ha dado origen a diversas especulaciones en torno a la vida de los personajes reales de aquel tiempo. En general, críticos e historiadores niegan que Roland fuera sobrino del emperador ya que Pepino el Breve y Bertrada, *la reina de los pies de ganso*, casados entre 741 y 745, tuvieron ocho hijos, pero sólo tres sobrevivieron a la infancia. No se ha registrado que Carloman tuviera hijos y se sabe que Gisela fue recluida en un convento, por lo que a la luz de las crónicas no parece que Carlomagno tuviera sobrinos, excepto por la glosa de la *Vita Karoli Magni*, que recoge la leyenda de San Gil, en virtud de la cual Gisela, habiendo yacido con su hermano Carlomagno, concibió a Roland y posteriormente se retiró a un convento. Carlomagno, arrepentido, procuró confesarse con San Gil, pero en última instancia no fue capaz de relatar al ermitaño lo ocurrido. Un día, cuando San Gil celebraba misa, se le apareció San Gabriel quien depositó en la patena un escrito en el que se hacía relación del pecado, se profetizaba que de esta relación nacería un niño llamado Roland y se ordenaba que Gisela fuera desposada con Milon de Angleris. Carlomagno, obedeciendo el mandato del arcángel, desposó a Gisela con Milon y nombró a este último duque de Bretaña, lo que explica por qué posteriormente Roland fue prefecto de este territorio.

No obstante, podría resultar muy aventurado negar que Roland fuese sobrino del emperador sobre estas bases. Es sabido que Carlos Martel tuvo dos esposas y un número indeterminado de concubinas de las cuales tuvo al menos tres hijos. Asimismo, existen muchas incertidumbres sobre la vida familiar de Pepino y, tal como refiere la *Vita Karoli Magni*, Carlomagno casó diez veces sin que se tenga cuenta exacta de las concubinas que tuvo ni del número de hijos que tuviera con éstas o los nombres de todos ellos. De todo lo cual se desprende que negar que Carlomagno fuese tío, padre o ambas cosas a la vez de Roland es casi tan arriesgado como aceptarlo.

En cualquier caso, el Roland de la *Chanson* trasciende al personaje histórico y representa el ideal del *chevalier errant* del siglo XI, y no el del guerrero franco del siglo VIII. Roland, héroe épico, personifica los rasgos físicos, la moral y las obras de la sociedad cristiana del tiempo de Turoldus.

Roland vive como un héroe homérico, más allá de su propia vida, en pro de un ideal que le proporcionará la inmortalidad en la memoria colectiva a través de los cantos de gesta. De este modo, se niega insistentemente a negociar una tregua con los sarracenos, ya que entiende que no sólo la victoria sino la guerra misma contra el Islam es una obligación moral. Y es por ello que, cuando el enemigo presenta batalla en Errozabal y Oliver se dirige a él para informarle de que van a ser atacados, Roland se muestra satisfecho y gratificado al ver sustanciado su sueño cristiano de lucha, sacrificio y martirio (estrofa 79, versos 1.006 a 1.016):

Y dice Oliver: —Señor compañero, puede ser
que topemos con los sarracenos.
Responde Roland: —¡Ah! ¡Así lo permita Dios!
Aquí habremos de resistir, por nuestro rey.
Por su señor debe el hombre sufrir las mayores fatigas,
Soportar los grandes calores y los grandes fríos,
Y perder la piel y aún el pelo.
Ahora cada cual cuide de asestar grandes golpes,
Para que no se cante de nosotros mala canción
Injusta es la causa de los infieles y con los cristianos está el derecho.
Nunca cantarán de mí acción que no sea ejemplar.

Oliver es el inseparable compañero de armas de Roland y su cuñado. Los cronicones carolingios no lo mencionan, por lo que aparentemente se trata de un personaje puramente literario. *Roland es esforzado y Oliver juicioso*, dice la *Chanson,* y si bien el primero ni tan siquiera concibe la derrota y entiende la guerra como sufrimiento e incluso inmolación, Oliver entiende que es preferible garantizar la victoria llamando al rey Carlos. Cuando se inicia el ataque, Oliver pide hasta tres veces a Roland que haga sonar el olifante y éste se niega, para que jamás nadie pueda decir que por causa de los infieles tocó un héroe cristiano el olifante.

Carlomagno se convierte en la *Chanson* en la personificación de un guerrero de fe inquebrantable y de más de dos siglos de edad que ha emprendido la guerra santa contra el impío guiado por el apóstol Santiago pero que, a diferencia del vigor que esgrime Roland, está cansado de la lucha y desea retirarse a su tierra. Y lo mismo cabe decir del arzobispo Turpin, imagen del clérigo guerrero y una de las figuras principales y más carismáticas de la *Chanson*. Si bien las crónicas no registran que participara en la batalla y los datos de que disponemos indican que ni tan siquiera salió de Reims, el poeta personifica en el arzobispo al cruzado -bizarro, valiente y denodado-, imagen de la Iglesia militante y guerrera del siglo XI.

Al igual que los personajes, la trama está basada en hechos históricos pero transformados y dotados de tintes épicos. En cualquier caso, resulta sumamente interesante contrastar leyenda y realidad a fin de sacar a la luz aquellos aspectos que el poeta o, la tradición popular antes que aquél, desdibujó a fin de dar cuenta de las razones puramente literarias o históricas que pudieron motivar la distorsión de los hechos históricos. Porque, más allá de las llamativas exageraciones del poema, como pueden ser el tesoro de 700 camellos cargados de oro y plata con el que

Blancandrins convencía a Carlomagno de la buena fe del rey Marsilies y de los fabulosos ejércitos de 400.000 musulmanes enfrentados en el paso de Zize a los 20.000 francos de la retaguardia carolingia, la *Chanson* encierra dentro de sí un gran caudal de aspectos históricos.

El poema se puede dividir en dos partes fundamentales, cada una de ellas a su vez dividida en dos apartados. La primera parte, de fuerte carácter histórico, abarca las estrofas o *laisses* 1 a 176 y se halla dividida en dos apartados:

1. Estrofas 1 a 52: Negociación de la rendición de Zaragoza y traición de Guenes.
   Tras siete años de Cruzada, Carlomagno ha conquistado Hispania, ocupada hasta entonces por los musulmanes. Tan sólo Zaragoza resiste, ciudad en la que gobierna el rey Marsilies. Los francos reciben una sospechosa legación encabezada por

Blancandrins que propone al rey la inmediata rendición de la plaza y la conversión del rey y de sus vasallos al cristianismo. El consejo de guerreros francos convence a Carlomagno de que acepte los términos del rey Marsilies y Roland propone que sea su suegro Guenes quien se presente ante el rey musulmán a fin de dar la conformidad en representación del emperador. Éste cree que su yerno pretende hacerlo desaparecer, ya que Marsilies había ordenado matar a dos emisarios francos, y decide vengarse. De este modo, seducido por Blancandrins, el embajador prepara la traición y entre ambos conciben la muerte de Roland, principal responsable del acoso a que están sometidos los musulmanes. Así, cuando llega Guenes ante Marsilies propone a éste que prometa sumisión a Carlomagno de forma que las tropas abandonen Hispania y así poder atacar la retaguardia en el paso de Zize, a cuyo mando se hallarán Roland y los doce pares. Carlomagno, convencido, retorna a su tierra y, a propuesta de Guenes, confía la retaguardia a su sobrino Roland.

2. Estrofas 53 a 176: Batalla y muerte de los doce pares en el paso de Zize. Carlomagno cruza los Pirineos y sobre la retaguardia que dirige Roland cae el numerosísimo ejército de Marsilies. A pesar de que el prudente Oliver advierte por tres veces a Roland del peligro y le recomienda que mediante una señal de su olifante advierta del peligro al emperador, Roland, temerario hasta la arrogancia, reúsa hacer sonar el olifante para llamar en su auxilio al grueso del ejército, que ha pasado ya el desfiladero. Roland, asistido por los mejores caballeros del ejército franco, pelea con valentía y rechaza hasta dos embestidas del enemigo, pero a un alto precio. Uno a

uno caen los caballeros francos ante un número incalculable de guerreros musulmanes. Roland se decide, por fin, a tocar el olifante para avisar al emperador, aunque en esta ocasión es Oliver quien, consciente de que ya es demasiado tarde, le aconseja que no lo haga. A pesar de ello Roland hace sonar el olifante con tal fuerza que le estallan las sienes. Muerto Oliver, sucumben también los dos últimos héroes, el arzobispo Turpin y Gualter del Hum. Solo, sucumbe al fin Roland en el campo de batalla, como los demás, frente al enemigo. Antes de morir desea romper su espada Durandarte -que tiene en la empuñadura mil reliquias- a fin de que no caiga en manos del enemigo, pero la piedra contra la que golpea su espada se parte por la fuerza del golpe. Roland muere como un guerrero, mirando hacia las tierras del oeste tomadas y ocupadas por derecho de conquista. Ofrece a Dios su guante derecho y de su mano lo recibe San Gabriel quien conduce su alma al Paraíso.

La segunda parte, puramente fantástica, sin base histórica alguna, abarca las estrofas 177 a 291, y está asimismo dividida en dos apartados:

1. Estrofas 176 a 267: Retorno de Carlomagno al campo de batalla y derrota del ejército musulmán a orillas del río Ebro y, toma de Zaragoza.
Cuando Carlomagno escucha el olifante en demanda de socorro, sospecha de Guenes y ordena que lo encadenen. Inmediatamente retorna a Errozabal, llora ante los cadáveres de los héroes y ordena que sus cuerpos sean sepultados en la dulce Francia. Persigue a las tropas de Marsilies que se baten en retirada y las extermina a las orillas del río Ebro. En el curso de

un último combate, Carlomagno se enfrenta al ejército de Baligant, emir de Babilonia. En el curso de la batalla Carlomagno da muerte a Baligant y toma Zaragoza. Tras tener noticia de la derrota, Marsilies fallece, herido de muerte por Carlomagno y los demonios se llevan su alma. Tras enterrar en la iglesia de Saint-Romain en Blaye a Roland, Oliver y al arzobispo Turpin, Carlomagno regresa abatido a Aquisgrán. Alde, amante de Roland y hermana de Oliver, muere de amor al conocer la noticia del fallecimiento del héroe.

2. Estrofas 268 a 291: Regreso a palacio y juicio y ajusticiamiento de Guenes, el traidor.

Guenes es procesado y, a pesar de su innegable traición, alega que ha obrado de este modo porque deseaba vengarse de Roland que lo había enviado a una muerte segura. Se apela al juicio de Dios. El campeón que defiende a Guenes, Pinabel, es derrotado por Tierris d'Anjou, que pugna en favor del difunto Roland. Guenes es condenado a morir descuartizado, atado a los extremos de cuatro caballos. El arcángel San Gabriel anuncia a Carlomagno, por mandato divino, que prepare sus ejércitos por todo el imperio y que emprenda una nueva Cruzada para socorrer al rey Viviano en la ciudad de Orfa a la que han puesto sitio los infieles.

Si nos centramos en la primera parte del poema, estrofas 1 a 176, observamos que, si bien teñidas de ficción épica, las referencias históricas subyacen a lo largo del conjunto de la narración.

La campaña militar emprendida por Carlos sobre el Valle del Ebro en el año 778, que desde la partida de Douzy hasta su llegada a Auxerre duró cerca de siete meses, se convierte en el cantar en una larga guerra de siete años de duración con carácter de cruzada. Las dos legiones de que estuvo compuesto el conjunto del ejército, se convierten en el cantar en la retaguardia del ejército carolingio que dirige el héroe Roland. En líneas generales, la magnificación de los hechos es una constante del poema que hace un uso abundante de la hipérbole. Convirtiendo los meses en años, la campaña se convierte en una extenuante guerra de proporciones homéricas:

El rey Carlos, nuestro gran emperador,
Siete años enteros ha permanecido en Hispania,
Hasta el mar ha conquistado la altiva tierra.
Ni un solo castillo se le ha resistido,
Ni queda muralla, ni ciudad alguna por forzar,
Salvo Zaragoza, que está en una montaña.

El cantar elude mencionar la *Marca Hispanica*. Hacerlo habría implicado aceptar que dicha *Marca* se consolidaba sobre la negociación política y militar con valíes musulmanes y, al mismo tiempo, suponía admitir la imposibilidad de emprender una guerra abierta contra el emirato de Córdoba. De este modo, a la luz del cantar, la campaña de Carlomagno sobre el Valle del Ebro no tiene como objeto crear dicha *Marca* y consolidar el imperio carolingio, sino combatir al infiel en el contexto de una guerra santa.

Pero, a pesar de los elementos fabulados, es posible rastrear los hechos históricos, como son por ejemplo las dificultades para tomar la plaza de Zaragoza, que el cantar sitúa *sobre una montaña*, y por tanto inaccesible y casi invulnerable. Paralelamente, el cantar toma de las crónicas históricas la negociación de los términos para la capitulación de Zaragoza y la toma de rehenes.

Para el público del siglo XI, que vivía entre la primera (1096-1099) y la segunda Cruzadas (1144-1149), la Guerra Santa era una trama sumamente sugerente. Y, en aquel tiempo como hoy, la audiencia y sus gustos eran ingredientes substanciales de la reputación, notoriedad y brillo de una composición literaria que debía ser recitada ante aquélla. Por lo mismo, la Iglesia, mecenas y tutor de numerosas hagiografías y obras literarias de carácter popular, cuyo objetivo era a menudo nutrir los intereses de diversos monasterios a través del flujo de peregrinos, estaría motivada y hasta seducida por la divulgación de las gestas de Carlomagno y el martirio de Roland. No resulta por tanto extraño que la última estrofa de la *Chanson* reclame a los reyes cristianos que -*de part Deu*- emprendan nuevas campañas militares bajo la protección de San Gabriel. Marsilies representa desde esta óptica el conjunto del mundo musulmán:

(...) el rey Marsilies, que a Dios no quiere,
Sirve a Mahoma y reza a Apolo;
No podrá remediar que lo alcance el
infortunio.

El marco geográfico de la campaña de 778, el Valle del Ebro, adopta asimismo a manos de Turoldus dimensiones épicas hasta convertir la campaña en una guerra de ocupación del conjunto de la Península Ibérica, desde Girona y Pamplona en el este hasta Cádiz y Santiago en el oeste. No obstante, historiadores y críticos literarios coinciden en identificar la mayor parte de los topónimos mencionados en la *Chanson* con lugares históricamente identificables tales como Pamplona y Miranda de Arga, Valtierra y la tierra de Pina, Balaguer, Tudela, Cortes de Navarra y la Sierra de Sivil. Todas estas poblaciones se sitúan al sur de Vasconia y en el camino sobre el que marcharon las tropas de Carlomagno en 778, esto es, plazas situadas en el camino entre Pamplona, Zaragoza y Girona.

El contexto general de guerra sacra obligaba a la tradición literaria a convertir a los vascones en sarracenos (*sarrazins*) o paganos (*paiens*) o, simplemente, a eludir mención alguna de los incómodos vascones. El hecho de transformar a los enemigos en sarracenos permitía dibujar a Carlomagno como un héroe cristiano liderando una contienda por orden del propio Santiago y bajo la protección y tutela de San Gabriel, que se aparece en sueños al emperador y conduce el alma de Roland al Paraíso. Pero, si bien esta tradición está recogida en la *Historia Caroli Magni et Rotholandi*, la *Chanson* no menciona el episodio del sueño de Santiago sino que, en consonancia con otros cantares de gesta, se inicia –*in media res*- en plena campaña. Concretamente, como en el caso de la *Ilíada*, cuando se cumple el último año de guerra, tras siete años de dura campaña militar.

El concepto cristiano de guerra santa permitía asimismo trocar una guerra de agresión en una campaña de liberación y restauración donde son los sarracenos y no los francos los agresores, que han ocupado la antigua tierra de los cristianos donde yacen los restos de Santiago apóstol. El tutelaje de San Gabriel, que habla por intercesión divina, dota de la necesaria autoridad a la campaña que lidera el emperador. La *Chanson de Roland* es en este sentido uno de los primeros textos medievales en subrayar el carácter de "reconquista" de la campaña de los príncipes cristianos.

Y, si bien el poeta se ve obligado a disfrazar retóricamente proyectos políticos de marcado carácter imperialista, frente a un público ávido de aventuras bélicas y fieras gestas, no omite hacer relación de la toma, destrucción y saqueo de muchas de las plazas que cayeron o se rindieron ante el avance de las tropas carolingias durante la campaña del año 778, entre ellas Pamplona (*Noples*), Tudela o Cortes:

*El emperador se muestra alegre; está de
   buen humor,*
*Ha conquistado Cortes y ha destruido sus
   muros*
*Y ha abatido las torres con sus
   catapultas.*
Sus caballeros han hallado gran botín:
Oro, plata y preciosas vestiduras.
Ni un solo infiel ha quedado en la cuidad:
Todos murieron o han sido bautizados.

Siguiendo en esto a los cronicones carolingios, la batalla de Errozabal es concebida por la tradición literaria como una emboscada en el estrecho paso de Zize.

La descripción verídica del paso inunda de dramatismo la escena mediante la sugerente mención de las fatigas que los héroes francos han de afrontar a fin de atravesar las tenebrosas quebradas y siniestras gargantas del paso de Zize que corona las cumbres de los Pirineos:

*Altos son los montes y tenebrosas las
   quebradas,
sombrías las rocas, siniestras las
   gargantas.
Con grandes fatigas las atraviesan los
   francos ese día,
desde quince leguas se oye el rumor.
Cuando llegan a la Tierra Mayor
y avistan Vasconia, la tierra de su señor;
hacen memoria de sus feudos y de sus
   honores,
y de las jóvenes y de sus gentiles esposas.
No hay quien no llore de piedad.
Más que todos los demás está Carlos
   angustiado;
ha dejado en los puertos de Hispania a su
   sobrino;
lo invade el pesar y no puede contener el
   llanto.*

Es preciso subrayar que la descripción
del paisaje no se ajusta a la de las crónicas
históricas contemporáneas a los hechos,

en las cuales los cronistas nunca hicieron referencia a profundas gargantas y quebradas, sino a serpenteantes caminos de montaña y densos bosques.

Lógicamente, la trama del cantar de gesta requiere de una explicación de la derrota más allá de una prosaica falta de previsión, por lo que ésta se explica por la combinación de dos factores: la ventaja que ofrece el relieve en el paso de Zize a los atacantes y la fabulosa superioridad numérica del enemigo cuyo ejército se compone por 400.000 guerreros, veinte veces superior al número de guerreros que componen la retaguardia del ejército carolingio. Y, la derrota se debe a la traición de un sólo hombre que actúa fuera de sí, invadido por la cólera y alimentado por la codicia.

El cantar subraya profusamente la negativa de Roland a tocar el olifante y, por tanto, a pedir ayuda al grueso del ejército. En este sentido, el poeta destaca que Roland se niega por tres veces a hacerlo sonar, aun cuando su amigo y brazo derecho Oliver insiste en que lo haga.

El poema explica la actitud de Roland en términos de bravura y, acaso, de cierta falta de prudencia. Pero, más allá de esta explicación, la negativa de Roland es fundamental porque permite explicar la ausencia de Carlomagno del campo de batalla. Por otro lado, la de otro modo incómoda presencia del emperador en el puerto de Zize, se evita situando el ataque sobre una lejana retaguardia que ha quedado bajo la custodia de 20.000 valientes guerreros, por lo que la derrota recae sobre una pequeña -si bien importante- porción del ejército carolingio, alejada en todo caso del emperador.

Por último, dos hechos debían ser incluidos en el cantar: la recuperación de los cadáveres y la derrota del enemigo, ambos puntos clave de un cantar de gesta que requería un final heroico, pero asimismo triunfal y glorioso, máxime si tenemos en cuenta que una de las claves de la *Chanson* fue la de avivar el clamor popular por una nueva Cruzada.

La segunda parte de la *Chanson*, fuertemente dramatizada y con una superabundancia de aspectos novelados en comparación con la primera, incide en aquellos aspectos que encumbran a los personajes centrales de la trama, Roland y su tío y señor Carlomagno, por lo que el llanto sobre los cuerpos sin vida de los 20.000 héroes y la captura de Zaragoza se incluyen en la segunda parte, cuya incorporación permite al poeta transformar la derrota en victoria y encumbrar a los muertos en la batalla hasta convertirlos en mártires que han dado sus vidas en aras del ideal cristiano.

Cada uno de los elementos literarios tiene una explicación y sirve a un propósito y mediante estos artificios tomados de la tradición oral, el autor compuso un cantar único, de una fuerza extraordinaria, que continúa hoy en día deslumbrando a los lectores de nuestro siglo por su vigor, dinamismo y fabuloso idealismo.

Porque, es preciso subrayar, la historia puede y debe ser contada, pero el arte, si bien se nutre de los acontecimientos humanos, no debe temer trascender los eventos, lances y coyunturas históricas.

Bibliografía

Abadal, Ramón, "La expedición de Carlomagno a Zaragoza: el hecho histórico. Su carácter y significación", *Coloquios de Roncesvalles*, Institución Príncipe de Viana, Iruñea/Pamplona, 1956. Pp. 39-71.

Bard, Rachel, *Navarra, the durable kingdom*, University of Nevada Press, Reno, 1982.

Becher, Matthias, *Charlemagne*, Yale University Press, New Haven, 2003.

Bédier, Joseph (Ed. and tr.), *La Chanson de Roland, publiée d'âpres le manuscrit d'Oxford et traduite*, L'Édition d'Art H. Piazza, París, 1937.

Boissonnade, Prosper, *Du nouveau sur la chanson de Roland: la genèse historique, le cadre géographique, le milieu, les personnages, la date et l'auteur de poème*, Honore Champion, París, 1923.

Boretius, Alfredus (Ed.), *Capitularia Regum Francorum*, Monumenta Germaniae Historica (MGH), Leges, Hannover, 1883. Vol. 1

Bouquet, Martin, *Recueil des historiens des Gaules et de la France*, Victor Palmé, Paris, 1871. Vol. 2.

Bouquet, Martin, *Recueil des historiens des Gaules et de la France*, Gregg International Publishers Ltd, Farnborough, 1968. Vol. 18.

Burger, André, "Le champ de bataille de Roncevaux dans la Chanson de Roland", *Coloquios de Roncesvalles*, Institución Príncipe de Viana, Iruñea/Pamplona, 1956. Pp. 105-111.

Cabaniss, Allen, *Charlemagne*, Twayne Publishers, New York, 1972.

Campion, Arturo, *Narraciones baskas*, Calpe, Madrid, 1923.

Campion, Arturo, *Orreaga. Balada escrita en dialecto guipuzcoano*, Imprenta y Librearía de Joaquín Lorda, Iruñea, 1880.

Castets, Ferdinand (Ed.), *Turpini Historia Karoli Magni et Rotholandi*, Société pour l'Etude des Langues Romanes, Montpellier, 1880.

Collins, John F., *Vita Karoli Magni*, Thomas Library, Bryn Mawr College, Pennsylvania, 1984.

Collins, Roger. *The Basques*, Blackwell Publishing, London, 1990.

Einhard; Notker the Stammerer, *Two Lives of Charlemagne*, Penguin classics, London, 2008.

Einhard, *Vita Karoli Magni*, Harper and Brothers, New York, 1880.

Estornés Lasa, Bernardo, *Historia general de Euskal Herria. 476-824 época vascona*, in *Enciclopedia General Ilustrada del País Vasco*, vol. 2, Auñamendi, Donostia, 1981.

Estornés Lasa, Bernardo; Lévi-Provençal, Évariste, *Eneko "Arista", fundador del reino de Pamplona y su época: un siglo de historia vasca, 752-852*, Ekin, Buenos Aires, 1959.

Fawtier, Robert, *La Chanson de Roland: étude historique*, E. de Boccard, París, 1933.

Gabriele, Matthew; Stuckey, Jace, *The Legend of Charlemagne in the Middle Ages: Power, Faith, and Crusade*, Palgrave Macmillan, 2008.

García de Cortázar y Ruiz de Aguirre, José Ángel, *Introducción a la historia medieval de Álava, Guipúzcoa y Vizcaya en sus textos*, Txertoa, Donostia/San Sebastián, 1979.

Garrod, Heathcote W.; Mowat, Robert B. (Eds.), *Einhard's life of Charlemagne: the Latin text*, Clarendon Press, Oxford, 1925.

Gautier, Léon, *L'Entrée en Espagne: chanson de geste inédite, renfermée dans un manuscrit de la Bibliothèque de Saint-Marc à Venise*, Techener, París, 1858.

Gautier, Léon, *Les Epopées Françaises. Etude sur les origines et l'histoire de la littérature nationale*, Victor Palmé Libraire-Edieur, París, 1865.

Gundlach, W., *Codex epistolaris Carolinus. Epistolae merowingici et karolini aevi*, MGH Epp. III., W. Gundlach, Hanover, 1892.

Hack, Achim Thomas, *Codex Carolinus: Päpstliche Epistolographie im 8. Jahrhundert*, A. Hiersemann, Stuttgart, 2007.

Halphen, Louis, *Études critiques sur l'histoire de Charlemagne: les sources de l'histoire de Charlemagne, la conquête de la Saxe, le couronnement impérial, l'agriculture et la propriété rurale, l'industrie et la commerce*, Felix Alcan, Paris, 1921.

Horrent, Jules, *Roncesvalles. Etude sur le fragment de cantar de gesta conservé à l'Archivo de Navarra (Pampelune)*, Société d'Edition 'Les Belles Lettres', Paris, 1951.

Xabier Irujo

Horrent, Jules, *La Chanson de Roland dans les littératures française et espagnole au moyen âge*, Bibliothèque de la Faculté de Philosophie et Lettres de l'Université de Liége, París, 1951.

Irujo, Xabier, *La batalla de Errozabal en su contexto histórico*, Ekin, Buenos Aires, 2018.

Jaurgain, Jean de, *Vasconie. Étude historique et critique sur les origines du royaume de Navarre, du Duché de Gascogne, des comtés d'Aragon, de Foix, de Bigorre, d'Alava & Biscaye, de la vicomté de Béarn et des grands fiefs du duché de Gascogne (première partie)*, Pau, 1898.

Jaurgain, Jean de, *Vasconia. Estudio histórico crítico (S. VI-XI)*, Auñamendi, Donostia/San Sebastián, 1976. 2 vols.

Jenkins, Thomas A., *La Chanson de Roland, Oxford version, edition, notes and glossary by T. Atkinson Jenkins*, D. C. Heath, Boston, 1924.

Jiménez de Rada, Rodrigo, *Historia de los hechos de España*, Alianza, Madrid, 1989. Pp. 171-172.

Jimeno Jurio, José María, *¿Dónde fue la batalla de Roncesvalles?*, Pamiela, Iruñea/Pamplona, 2004.

Jimeno Jurio, José María, *¿Dónde fue la batalla de Roncesvalles?*, Institución Príncipe de Viana, Iruñea/Pamplona, 1974.

King, P. D., *Charlemagne*, Methuen and Co. Ltd., London, 1986.

King. P. D., *Charlemagne: Translated Sources*, P. D. King, Lambrigg, Kendal, Cumbria, 1987.

Lacarra, José María, *Historia del Reino de Navarra en la Edad Media*, Caja de Ahorros de Navarra, Iruñea/Pamplona, 1975.

Lacarra, José María, *Vasconia medieval, historia y filología: conferencias pronunciadas los días 10 y 11 de Enero de 1956*, Seminario Julio de Urquijo, Donostia, 1957.

Lamb, Harold, *Charlemagne, The Legend and the Man*, Bantam Biography, New York, 1968.

Lévi-Provençal, Évariste; García Gómez, Emilio, "Textos inéditos del Muqtabis de Ibn Hayyan sobre los orígenes del Reino de Pamplona", Al-Andalus, 19, 1954. Pp. 295-315.

Lévi Provençal, Évariste, "Du nouveau sur le Royaume de Pampelune au IXe Siècle", *Bulletin Hispanique*, 55, 1953. Pp. 5-22.

Lévi Provençal, Évariste, *Histoire de l'Espagne musulmane,* Maisonneuve & Larose, Paris, 1950. 3 vols.

Lewis, Archibald R, *The Development of Southern French and Catalan Society, 718–1050*, University of Texas Press, Austin, 1965.

Lewis, David L., *God's Crucible: Islam and the Making of Europe, 570 to 1215*, W. W. Norton & Company, New York, 2008.

Loti, Pierre; Campion, Arturo; Iturralde y Suit, Juan, *Pinceladas vascas*, Ekin, Buenos Aires, 1942.

Loyn, Henry Royston; Percival, John, *The Reign of Charlemagne: Documents on Carolingian Government and Administration*, St. Martin's Press, New York, 1976.

Marca, Pierre de, *Marca Hispanica sive Limes Hispanicus, hoc est geographica & historica descriptio cataloniae, ruscinonis, & circumiacentium populorum*, ed. É. Baluze, Paris, 1688.

Melczer, William (Ed.), *The Pilgrims Guide to Santiago de Compostela*, Italica Press Inc., New York, 1993.

Menéndez Pidal, Ramón, "Roncesvalles, un nuevo cantar de gesta español del siglo XIII", Revista de Filología Española, IV, Madrid, 1917. Pp. 105-204.

Monlezun, Jean Justin, *Histoire de la Gascogne depuis les temps les plus reculés jusqu'à nos jours*, E. Repos, Paris, 1864.

Moret, Joseph, *Investigaciones históricas de las antigüedades del Reyno de Navarra*, G. Martínez, Iruñea/Pamplona, 1665.

Moret, Joseph, *Annales del reyno de Navarra*, Imprenta de Martín Gregorio de Zavala, Pamplona, 1684.

Moret, Joseph, *Investigaciones históricas de las antigüedades del Reyno de Navarra*, Editorial de Amigos del Libro Vasco, Bilbao, 1985.

Moret, Joseph, *Annales del reyno de Navarra*, Institución Príncipe de Viana, Pamplona, 1988.

Narbaitz, Pierre, *Orria, o la batalla de Roncesvalles. 778*, Elkar, Donostia, 1979.

Narbaitz, Pierre, *Le matin basque ou, histoire ancienne du peuple vascon*, Librairie Guénégaud, París, 1975.

Nelson, Janet L., *The Frankish World (750-900)*, Hambledon Press, London & Río Grande, 1996. P. 191.

Pérez de Laborda, Alberto, *Guía para la historia del País Vasco hasta el siglo IX: fuentes, textos, glosas, índices*, Txertoa, Donostia/San Sebastián, 1996.

Perry, Walter C., *The Franks, from their First Appearance in History to the Death of King Pepin*, Longman, Brown, Green, Longmans, and Roberts, London, 1857.

Reich, Emil, *Select Documents Illustrating Mediaeval and Modern History*, P.S. King & Son, London, 1905.

Riquer, Martín, *Chanson de Roland. Cantar de Roldán y el Roncesvalles Navarro*, Acantilado, Barcelona, 2003.

Sholod, Barton, *Charlemagne in Spain: the Cultural Legacy of Roncesvalles*, Librairie Droz, Genève, 1963.

Segura Murguía, Santiago, *Mil años de historia vasca a través de la literatura greco-latina. De Aníbal a Carlomagno*, Universidad de Deusto, Bilbao, 2001.

Story, Joanna (Ed.), *Charlemagne, Empire and Society*, Manchester University Press, Manchester, 2005.

Thorpe, Lewis G. M. (Ed.), *Einhard and Notker the Stammerer. Two lives of Charlemagne*, Penguin, London, 1969.

Ubieto, Antonio, *La Chanson de Roland y algunos problemas históricos*, Anubar, Zaragoza, 1985.

Ubieto, Antonio, "La derrota de Carlomagno y la Chanson de Roland", *Hispania*, 23, Madrid, 1963. Pp. 3-28.

Vielliard, Jeanne (Ed.), *Le guide du pèlerin de Saint-Jacques de Compostelle: texte latin du XIIe siècle*, Librairie Philosophique J. Vrin, Paris, 2004.

Wallace-Hadrill, J. M. (Ed.), *The Fourth Book of the Chronicle of Fredegar with its Continuations*, Greenwood Press, Connecticut, 1960.

Webster, Wentworth, "Altabiskarco Cantua", *Boletín de la Academia de la Historia*, Madrid, 1883. Vol. 3, pp. 139-153.

Webster, Wentworth; Vinson, Julien, *Basque Legends Collected Chiefly in The Labourd*, Griffith and Farran, London, 1879. Pp. 254-257.

Yanguas y Miranda, José (Ed.), *Crónica de los reyes de Navarra escrita por Carlos, Príncipe de Viana*, Imprenta de Teodoro Ochoa, Pamplona, 1843.

Este libro se terminó de imprimir
el 29 de enero
de 2019

Made in the USA
Middletown, DE
09 June 2023

31855530R00052